questo notebook appartiene a

....

DATA: / /

A

URL	NOME UTENTE	PASSWORD

DATA: / /

A

URL	NOME UTENTE	PASSWORD

DATA: / /

A

URL	NOME UTENTE	PASSWORD

DATA: / /

B

URL	NOME UTENTE	PASSWORD

DATA: / /

B

URL	NOME UTENTE	PASSWORD

DATA: / /

B

URL	NOME UTENTE	PASSWORD

DATA: / /

C

URL	NOME UTENTE	PASSWORD

DATA: / /

C

URL	NOME UTENTE	PASSWORD

DATA: / /

C

URL	NOME UTENTE	PASSWORD

DATA: / /

D

URL	NOME UTENTE	PASSWORD

DATA: / /

D

URL	NOME UTENTE	PASSWORD

DATA: / /

D

URL	NOME UTENTE	PASSWORD

DATA: / /

E

URL	NOME UTENTE	PASSWORD

DATA: / /

E

URL	NOME UTENTE	PASSWORD

DATA: / /

E

URL	NOME UTENTE	PASSWORD

DATA: / /

F

URL	NOME UTENTE	PASSWORD

DATA: / /

F

URL	NOME UTENTE	PASSWORD

DATA: / /

F

URL	NOME UTENTE	PASSWORD

DATA: / /

G

URL	NOME UTENTE	PASSWORD

DATA: / /

G

URL	NOME UTENTE	PASSWORD

DATA: / /

G

URL	NOME UTENTE	PASSWORD

DATA: / /

H

URL	NOME UTENTE	PASSWORD

DATA: / /

H

URL	NOME UTENTE	PASSWORD

DATA: / /

H

URL	NOME UTENTE	PASSWORD

DATA: / /

URL	NOME UTENTE	PASSWORD

DATA: / /

URL	NOME UTENTE	PASSWORD

DATA: / /

1

URL	NOME UTENTE	PASSWORD

DATA: / /

J

URL	NOME UTENTE	PASSWORD

DATA: / /

J

URL	NOME UTENTE	PASSWORD

DATA: / /

J

URL	NOME UTENTE	PASSWORD

DATA: / /

K

URL	NOME UTENTE	PASSWORD

DATA: / /

K

URL	NOME UTENTE	PASSWORD

K

DATA: / /

URL	NOME UTENTE	PASSWORD

DATA: / /

L

URL	NOME UTENTE	PASSWORD

DATA: / /

L

URL	NOME UTENTE	PASSWORD

DATA: / /

L

URL	NOME UTENTE	PASSWORD

DATA: / /

M

URL	NOME UTENTE	PASSWORD

DATA: / /

M

URL	NOME UTENTE	PASSWORD

DATA: / /

M

URL	NOME UTENTE	PASSWORD

DATA: / /

N

URL	NOME UTENTE	PASSWORD

N

DATA: / /

URL	NOME UTENTE	PASSWORD

N

DATA: / /

URL	NOME UTENTE	PASSWORD

DATA: / /

O

URL	NOME UTENTE	PASSWORD

DATA: / /

O

URL	NOME UTENTE	PASSWORD

O

DATA: / /

URL	NOME UTENTE	PASSWORD

DATA: / /

P

URL	NOME UTENTE	PASSWORD

DATA: / /

P

URL	NOME UTENTE	PASSWORD

DATA: / /

P

URL	NOME UTENTE	PASSWORD

DATA: / /

Q

URL	NOME UTENTE	PASSWORD

DATA: / /

Q

URL	NOME UTENTE	PASSWORD

DATA: / /

Q

URL	NOME UTENTE	PASSWORD

DATA: / /

R

URL	NOME UTENTE	PASSWORD

DATA: / /

R

URL	NOME UTENTE	PASSWORD

DATA: / /

R

URL	NOME UTENTE	PASSWORD

DATA: / /

S

URL	NOME UTENTE	PASSWORD

DATA: / /

S

URL	NOME UTENTE	PASSWORD

DATA: / /

S

URL	NOME UTENTE	PASSWORD

DATA: / /

T

URL	NOME UTENTE	PASSWORD

DATA: / /

T

URL	NOME UTENTE	PASSWORD

DATA: / /

T

URL	NOME UTENTE	PASSWORD

DATA: / /

U

URL	NOME UTENTE	PASSWORD

DATA: / /

U

URL	NOME UTENTE	PASSWORD

DATA: / /

U

URL	NOME UTENTE	PASSWORD

DATA: / /

V

URL	NOME UTENTE	PASSWORD

DATA: / /

V

URL	NOME UTENTE	PASSWORD

DATA: / /

V

URL	NOME UTENTE	PASSWORD

DATA: / /

W

URL	NOME UTENTE	PASSWORD

DATA: / /

W

URL	NOME UTENTE	PASSWORD

W

DATA: / /

URL	NOME UTENTE	PASSWORD

DATA: / /

X

URL	NOME UTENTE	PASSWORD

X

DATA: / /

URL	NOME UTENTE	PASSWORD

X

DATA: / /

URL	NOME UTENTE	PASSWORD

Y

DATA: / /

URL	NOME UTENTE	PASSWORD

DATA: / /

Y

URL	NOME UTENTE	PASSWORD

DATA: / /

Y

URL	NOME UTENTE	PASSWORD

DATA: / /

Z

URL	NOME UTENTE	PASSWORD

DATA: / /

Z

URL	NOME UTENTE	PASSWORD

DATA: / /

Z

URL	NOME UTENTE	PASSWORD

www.ingramcontent.com/pod-product-compliance
Lightning Source LLC
Chambersburg PA
CBHW051540240526
45465CB00028B/1777